Carl Czerny

6 leichte Sonatinen

6 Easy Sonatinas · 6 Sonatines faciles

Opus 163

Herausgegeben von
Edited by · Edité par
David Patrick

ED 9035
ISMN M-001-13029-5

SCHOTT

Mainz · London · Madrid · New York · Paris · Tokyo · Toronto

Vorwort

Carl Czerny, geboren am 20. Februar 1791 in Wien, gestorben am 15. Juli 1857 ebendort, war einer der angesehensten Komponisten des 19. Jahrhunderts. Er komponierte über 1000 Werke für alle Gattungen (mit Ausnahme der Oper). Als junger Pianist studierte Czerny bei Beethoven und wurde später selbst zu einem der gefragtesten Lehrer. Er unterrichtete oft mehr als 10 Stunden täglich, zu seinen berühmtesten Schülern zählten Johann Nepomuk Hummel und Franz Liszt. Da Czerny ein Schüler Beethovens und der Lehrer von Liszt war, nimmt er eine wichtige Rolle als bedeutender Interpret und Vermittler im 19. Jahrhundert ein: er gab die musikalischen Ideen dieser bedeutenden Komponisten weiter und ließ die spieltechnischen Neuerungen für Klavier in sein eigenes kompositorisches Schaffen einfließen.

Seine Kompositionen wurden sehr wahrscheinlich von Clementi beeinflusst, dessen Unterrichtsmethode er in früheren Jahren studierte, sowie von seinem Schüler Hummel, der in späteren Jahren ein enger Freund werden sollte. Zu Czernys umfangreichen Œuvre zählen 28 Klavier-Sonatinen. Die sechs leichten Sonatinen op. 163 sind allesamt hübsche Kompositionen, die von hoher Kunstfertigkeit zeugen, sich aber auch als nützliches Unterrichtsmaterial eignen. Die Fingersätze stammen vom Herausgeber, ebenso die in Klammern gesetzten Angaben zur Dynamik, Tempo und Interpretation.

David Patrick

Preface

Carl Czerny - born on 20 February 1791 in Vienna, where he died on 15 July 1857 – was one of the nineteenth century's most prolific composers, having composed at least 1000 works of every description (with the exception of the opera). As a young pianist he studied with Beethoven and later became a much sought-after teacher, teaching as much as 10 hours a day, and numbering amongst his greatest pupils Johann Nepomuk Hummel and Franz Liszt. It was as a pupil of Beethoven and teacher of Liszt that Czerny holds an important position as a 19th century performer in that he could act as a transmitter of musical ideas from one great composer to another as well as being able to assimilate into his own compositional style the great changes in technique and writing for the piano during that time.

His compositions were possibly influenced by those of Clementi whose teaching method he studied in his earlier days and also those of his pupil Hummel who became a close friend in later life. Within his vast compositional output there are 28 piano sonatinas. The 6 Easy Sonatinas of Op. 163 are all charming works which are beautifully crafted and will hopefully prove to be very useful teaching material. Fingering is editorial as are indications of tempo, dynamic and interpretation which are shown in brackets.

David Patrick

Préface

Carl Czerny, né à Vienne le 20 février 1791, où il mourut le 15 juillet 1857, fut l'un des compositeurs les plus considérés du XIXème siècle. Il composa plus de 1000 œuvres de tous genres (à l'exception de l'opera). Il fit ses études durant sa jeunesse auprès de Beethoven, et devint lui-même l'un des enseignants les plus demandés. Il donnait souvent des cours plus de 10 heures par jour. Johann Nepomuk Hummel et Franz Liszt comptent au nombre de ses élèves les plus illustres. Elève de Beethoven et professeur de Liszt, il joue un rôle important en tant qu'interprète, véhiculant les idées musicales de ces grands compositeurs et assimilant dans son œuvre propre les nouveautés techniques du piano.

Ses compositions furent très vraisemblablement influencées par Clementi, dont il étudia la méthode d'enseignement durant sa jeunesse, ainsi que par son élève Hummel, qui devait devenir plus tard un ami intime. L'œuvre nombreuse de Czerny renferme 28 sonatines pour piano. Les six sonatines faciles de l'op. 163 sont toutes de jolies compositions, témoignant d'une grande virtuosité, mais parfaitement adaptées à être utilisées comme matériel de cours. Les doigtés sont le fait de l'éditeur, de même que les données de dynamisme, de rythme et d'interprétation entre parenthèses.

David Patrick

Inhalt / Contents / Contenu

Sonatina No. 1

C-Dur / C major / Ut majeur

Carl Czerny
1791 - 1857
Opus 163 No.1

Rondo

Sonatina No. 2

F-Dur / F major / Fa majeur

Carl Czerny
(1791 - 1857)
Opus 163 No.2

Rondo

Aus wendetechnischen Gründen bleibt diese Seite frei.

This page is left blank to save an unnecessary page turn.

On laisse une page blanche pour faciliter la tourne.

Sonatina No. 3

C-Dur / C major / Ut majeur

Carl Czerny
(1791 - 1857)
Opus 163 No. 3

Andantino (♩ = ca. 66)

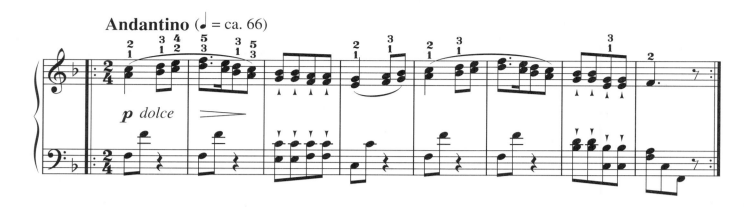

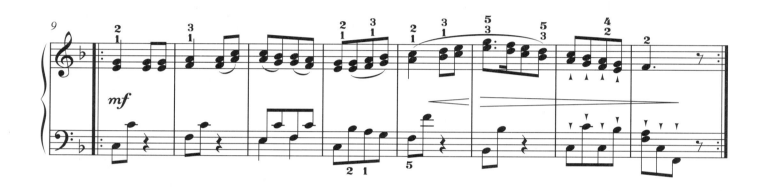

Rondo

Allegro (♩ = ca. 100)

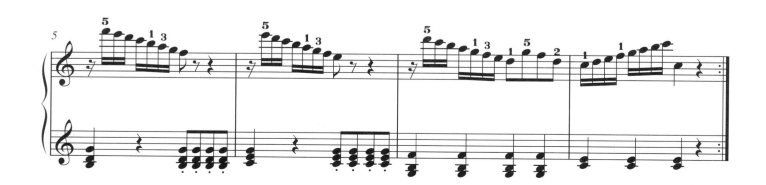

Sonatina No. 4

G-Dur / G major / Sol majeur

Carl Czerny
(1791 - 1857)
Opus 163 No.4

Vivace (♩. = ca. 72) Rondo

Aus wendetechnischen Gründen bleibt diese Seite frei.

This page is left blank to save an unnecessary page turn.

On laisse une page blanche pour faciliter la tourne.

Sonatina No. 5

C-Dur / C major / Ut majeur

Carl Czerny
(1791 - 1857)
Opus 163 No.5

Allegro vivace (♩. = ca. 76)

Andantino (♩ = ca. 60)

Rondo

Sonatina No. 6

B-Dur / B flat major / Si bémol majeur

Carl Czerny
(1791 - 1857)
Opus 163 No.6

Allegro moderato (♩ = ca. 56)

44

Rondo alla Polacca

Schott Musik International, Mainz 50 438